宇宙体験

高木善之
ネットワーク『地球村』代表

Y. Takagi

まえがき

「何のために生まれてきたんだろう。どう生きればいいんだろう」

私は小さい頃からずっとこの疑問を抱いていた。

(これがわからないままでは生きられない、これがわかったら死んでもいい)とまで思っていた。とはいうものの、答えが見つからないまま精いっぱい生きてきた。

やがて人生がわかったような気になって、(生きる目的などなくても生きられるもんだな)と思えるようになった頃、交通事故に遭った。

その時私は、宇宙に出る不思議な体験をした。

そしてその答えがわかったのだ。

宇宙飛行士の多くは、宇宙から帰還すると意識や価値観が変わり、平和運動や環境運動を始めたり、哲学的な生き方になる。その理由を聞かれると次のように答える。

「宇宙に出るとはじめは自分の国やふるさとを探すが、やがて地球の美しさに打たれる。船外に出て宇宙に身をゆだねると不思議な体験をする。至福の感覚に包まれ、宇宙の声を聴き、自分の内なる声を聴き、宇宙と一体になる。国家や国の威信よりも、地球や生命や平和の方がはるかに大切だと気づく。地球に生還できれば、このことを伝えなくてはと決意した」

宇宙で体験する大きな意識転換、価値観の転換を『宇宙体験』という。

私があの時体験したのは、まさにこれだったのだ。

あれ以来、意識、価値観が変わり人生が変わった。

いま人生の最終章にあって、あれからの35年を振り返ろうと思う。

あなたにも『宇宙体験』をしていただき、地球と平和に力を尽くしていただくために。

あの日から35年　２０１６年４月27日　高木善之

目次

第1章　きっかけ

1 交通事故

1981年4月27日、日曜日午後3時、私はオートバイで国道1号線を走っていた。
突然、目の前に自動車が！　ブレーキを踏んだが、とうてい間に合う距離ではない！
スローモーションに切り替わったように、ゆっくりと接近！
ガッシャ〜〜〜〜ン！

……………………………………………………………………

ん？　痛くない！　夢か？……
オートバイはゆっくりバウンドしながら横すべり。
私の身体もゆっくり舞い上がり、ゆっくり道路に叩き付けられる。
ヘルメットが転がり、歩道を歩いている女性の足元へ。
なんと、その女性は私が指揮をしている合唱団のメンバー（ＳＹさん）だった。

彼女は立ち止まって、（あ、事故……！　私には関係ない……）と思っているのがわかったから、私は「おいおい、私だよ！　私！」と話しかけたつもりだったが、彼女は行ってしまった。

オートバイはガードレールで止まり、ガソリンが流れ出している。

私の身体はねじれたように国道に横たわっている。

人々が集まり出して、口々にいろんなことを叫んでいる。

現場は、私が勤務する会社（パナソニック本社）のすぐ手前の交差点。

そこには救急病院（守口生野病院）があり、私は担架で病院に運ばれて行く。

●手術台

医師たち、看護師たちが私を取り囲み、私のジーンズやジャケットがハサミで切り開かれていく。レントゲンを撮っている。話をしている。メモを取っている。

右足は付け根と膝が不自然に曲がっている。首も不自然に曲がっている。

骨折だけか、もう死んでいるのか。

一番のショックは左手！

手の甲が手首に折り反ってくっついてしまっている！　もうピアノは弾けない！
骨折は十か所。救急病院では手の施しようがなく、大学病院に転送された。

大学病院で手術が始まる。
腰の右側が大きく切り開かれ、どす黒い血が流れ出す。まるでマグロの解体ショーだ。
ドリルで骨盤に穴を開ける。するめを焼くような匂いがする。
ボルトをねじ込む。まるで土木工事だ。
私は天井の無影灯の陰から眺めているが、見ていられない。

●ICU（集中治療室）

頭も顔も包帯でぐるぐる巻き。全身固定。左腕は肩から大きなギプス。
酸素マスク。口、鼻にパイプ。腕には点滴。体のあちこちからドレンパイプ。
ベッドの横にはいろんな計器が並び、バイタルが表示されている。
医師、看護師があわただしく動いている。家族は心配そうに待合のイスに座っている。
それを眺めている私だけがまるで部外者のようだ。家族に、わざと明るく話しかける。

「心配いらないよ。これは夢だよ。きょうは夕食までに帰るからね」と言ってみたが伝わらない。忙しそうな医師や看護婦に問いかける。

「私は、大丈夫でしょうか。見込みはありますか」返事はない。無視される。

2 ふるさとへ

場面が変わる。私は田舎にいる。

そこがどこかすぐにわかった。ふるさとだ。私が子どもの頃を過ごした愛媛県松山市の郊外の横河原だった。そこは国立療養所愛媛病院の官舎だ。

まず自分の家を探した。景色は変わっていた。家もない、垣根もない。草原だけ。

しかし不思議なもの。自分の家があった場所はわかる。なつかしい土と草の匂い。

〝ああ、ここは庭だ。あそこにはカブトムシが来る大きな樹があった〟

子どもの頃の風景がよみがえってくる。

私は麦わら帽をかぶって、しゃがんでアリを見ている。

ガーベラ、ポンポンダリア、カンナ、ケイトウ……夏の花たちが笑っている。

今にも、母の声が聞こえるようだ。

「日射病になるわよ。早くうちに入りなさい。縁側に冷たい麦茶を置いておくよ」

しかし、なぜいま、ここにいるのだろう。


あちこちさまよった。

歩いているわけではない。地上1メートルくらいの高さを漂っているのだ。

オタマジャクシをすくった池、大好きなクルミの木、細くてこわくて渡ることができなかった丸木橋。木造の病棟、看護婦の寄宿舎、林の中の霊安室、外気（病状がよくなった患者さんが病棟を出て、社会復帰の練習のために一人で暮らす小屋のこと）を巡礼のようにたずねた。

病棟はおどろくほど当時の木造のままだった。寄宿舎はマンションに。

霊安室はなくなっていた。意味もわからず「れんあいしつ」と呼んで笑われたっけ。こわい場所だと聞かされていたから、前を通るときは指を結んだまま走ったものだ。

野獣官舎（医者の独身寮でいつも騒がしかったから近所の人はそう呼んでいた）は跡形もなかったが、クルミの巨木だけが残っていた……。

●重信川

茫漠とした松林も堤防の面影はなく、わずかの木立とアスファルトの駐車場に変わっていた。広大な川原も護岸工事で埋め立てられ、わずかな流れだけが残っていた。

残された川原にはたくさんの石ころが残っていたのがせめてもの慰めだった。

あの頃、この川原をどれだけ歩いたことだろう。泳いだことも。

家族や近所の人とお弁当を食べに来たことがなつかしく思い出された。

堤防に座ってどれだけ夕陽を見たことだろう。どれだけ慰められただろう。

当時、悲しいことなどなかったのに、私はいつも孤独や空しさを抱えていた。

宇宙のこと、世界のこと、未来のこと、そして……。

自分とは何か、どこから来たのか、どこに行くのか……。

何のために生まれてきたのだろう、どう生きればいいのだろう……。

いつもそんなことを考えていた。

●ひばりに

思いつく限り、思い出の場所を巡った。

巡り終わると、もの悲しい感覚に襲われた。

子どもの頃、夕方になるとこの感覚に襲われた。

遠くで汽笛が聞こえたら、(帰らなきゃあ……)

そう思って、家路につくのだった。

しかしいま気づくと、私は上昇している。

私はよく空を飛ぶ夢を見る。鳥のように自由に空を飛ぶ。

いまはそれとは違って、

〝苦しい！　苦しい！　息ができない！　だれか助けて！〟溺れている人のように、ばたばたともがいている！


あっ、思い出した！

子どもの頃、ひばりが鳴きながら上がっていくのを。

ひばりは、突然足元から飛び立ち、まっすぐ上昇していく。

姿が見えなくなり、鳴き声が聞こえなくなってしまうと、ひばりは帰ってこない。何度もそこで待ち続けたが、ひばりは決して降りてこないのだ。

いつの間にか私は、こう思うようになった。

〝ひばりは帰ってこないんだ。きっと死んでしまうんだ。人が死ぬと、ひばりになって空に上っていくんだ。

大内さんのおばあちゃんが死んだ時も、しげるちゃんが死んだ時も、霊安室の外灯がついている時も、いつもひばりを見た。きっとぼくもいつかひばりになって空に上っていくんだ〟

3　私は死んだ

それが今なんだ。私はいま死んだのだ。

少し悲しかったが、不思議と穏やかな気持ちだった。

私の人生は終わったのだ。

そんな風に死を受け入れると苦しみは去り、楽に上昇し始めた。

したかったこと、やり残したこと、心配なことはたくさんある。

家族、ローン、合唱団、コンクール、仕事、研究……しかし、すべて終わったのだ。
すべて投げ出してしまってごめん。本当にごめん。
しかし、謝るすべもないのだ。
死んだのだから。

●死ぬということ

死ぬのは痛くもない、苦しくもない。それは驚きだった。
死というのは肉体から離れること。しかし意識も自分もある。
生きている人とは会話はできないが、相手が考えていることもわかる。
どこにでも移動できる。死ぬのは恐ろしいことではない。
さっきまでは苦しかったが、死を受け入れると楽になった。
そうか！　あの苦しかった時から、楽になった瞬間が「死」だったのだ！
息が止まり、酸素がなくなっていくのが苦しかったのだ。
でも、死んでしまえば楽になった。
そうか、死ぬって、こんなことだったのか。

●死者を送る人へ

もしあなたが死者を送ることがあったなら、決して悲しまないように。

私が死ぬとき一番つらかったのは、家族が悲しんでいることだった。

死者はあなたのそばにいる。あなたが考えていることがすべてわかる。

あなたが言葉でも心でも悲しんでいると、それは死者を悲しませる。

死者は、自分の死を受け入れ、死にゆくことが務め。

家族や仲間、友人が悲しむと、気持ちが乱され、よけいにつらい。

特に、「なんで死んじゃったの！　なんで私を置いて一人で行ってしまったの！」というのが一番つらい。死者が求めているのは、やさしく送ってもらうことなんだ。

「ごくろうさま。ありがとう。あとは大丈夫。心配しないで。あとはみんなでがんばるから。あなたはゆっくり休んで。もう十分がんばったんだから。ありがとう」

感謝とねぎらいが、死者にはいちばん嬉しい。

4 宇宙に

私はなめらかに上昇し、河原の両岸が狭まり小さくなり、両側の森も小さくなる。

陸も小さくなり、日本が小さくなり、やがて目の前に地球が現れる。

宇宙に浮かぶ青い星、地球！

圧倒的な迫力！　圧倒的な美しさ！

至福の感覚！　言葉にならない！

地球との一体感！　宇宙との一体感！　すべてとの一体感！

そうか！　すべては一つ！　すべてはつながっている！

私は地球！　私は宇宙！　私はワンネス！

●わかった！

子どもの頃からずっと知りたかったこと。

「何のために生まれてきたのだろう。どう生きればいいのだろう」

その答えがわかったのだ！

〝すべては一つ、すべては光〟

そうか！　そうだったのか！
すべては一つだったんだ！　すべてはつながっていたんだ！
いのちも一つ、いのちは光！
光の世界から来て、光の世界に還る！
私は光の世界に還るんだ！
しかし、これでよかったのだろうか……。
このまま、還ってしまっていいのだろうか……。

５　光の世界へ

地球から離れる。加速する。地球が小さくなる。
スピードが増す。太陽が小さくなる。銀河も小さくなる。
宇宙を突き進む！　バースト！　フレア！　衝撃波！
周りが明るくなり、自分も光を発している！

粒子になって飛び散る！　光と一つになる！

●光の世界

ここはどこ？
ここはふるさと。
来たところ、帰るところ。
帰ってきた。
しかし、本当にこれでよかったのだろうか。

……………………………………………………

なにもないが、すべてがある。
誰もいないが、みんながいる。
私は私であって私ではない。
私はすべてにつながっている。
私はなんでも知ることができる。
宇宙の始まりと終わり。地球の始まりと終わり。世界の始まりと終わり。

いのちの意味、いのちの目的。いま、すべてがわかった。

宇宙には始まりも終わりもない。

宇宙は生命、宇宙は生命体。
星々も生命体。誕生と再生を繰り返し、宇宙の生命を支えている。
生物も生命体。誕生と再生を繰り返し、星々の生命を支えている。
細胞も生命体、誕生と再生を繰り返し、生物の生命を支えている。
原子も生命体。誕生と再生を繰り返し、細胞の生命を支えている。
素粒子も生命体。誕生と再生を繰り返し、原子の生命を支えている。
すべての存在は生命。生命の目的は永遠と調和、幸せと平和。

フラッシュバック

10年後、ソビエトの崩壊。
20年後、アメリカの崩壊。
30年後、日本の崩壊。

40年後、世界の崩壊。
千の太陽が輝き、世界は終わる。

……………………………………

そうか！　世界は終わる！　このままでは世界は終わるのだ！
たしかに！　それはわかっていた！
なのに、自分はそのことから目を背け、知らないふりをしていた！
学生運動も、平和活動も、音楽活動も、研究活動も、熱中しながら冷めていた！
しかしいつも、
(これではない。自分がやりたいのは、こんなことではない)
(自分にはどうしてもしなければならいことがある)
そう思っていた。しかし、それが何だったたか、思い出せそうで思い出せなかった！
それがいま、はっきりとわかったのだ！

このままでは世界は滅びる！
しかし未来は変えられる！
現在が変われば未来が変わる！

現在を変えれば未来が変えられる！　世界も変えられる！
世界を変えること、未来を変えること、世界の破局を救うこと！
それが私の使命、それが私の役割だったのだ！

（しかし、私は死んだ）
違う！　それを知るためにここに来ただけだ！
（私は死んだ）
違う！　これは夢だ！　目が覚めれば元通りになるんだ！
（私は終わった）
違う！　これからだ！　いまから始まるんだ！
（光の世界に帰ってきた）
違う！　自分の使命がわかった。これからが本当の人生だ！
（私は死んだ。終わった）
違う！　絶対に戻る。ここは私の居場所ではない！　自分の世界に戻る！

第2章　ベッドにて

1　意識が戻る

「高木さん、高木さん……」

目の前で光が動く……。

「見えますか、光が見えますか」

目の前で動く光は看護師のペンライトだ。


…………………………………


全身激痛！

いままでまったく痛みはなかった。まったく痛みもなく、長い長い時間を過ごしてきたのに、いまになってこの強烈な痛みは一体なんだ！

おまけに身体が動かない！　頭も動かない！　首も動かない！

すべて固定されている！　動くのは目だけ！

ここは病室。酸素マスク。点滴の管。オシロスコープ。

遠い遠い記憶が蘇ってくる。そうだ、私は交通事故に遭ったのだ！

全身の激痛に呻き声をあげる！

私の視野に医師が現れた。
私の第一声「ピ、ア、ノ、弾、け、ま、す、か」
医師「無理でしょう」
私の第二声「指、揮、台、に、立、て、ま、す、か」
医師「無理でしょう」
恐れていたことは現実だった……。

家族や医師から聞いてわかったことは、私が見ていた通りだった。

信号無視のワゴン車と正面衝突、意識不明で救急病院に担ぎ込まれたが、手の打ちようがなく大学病院に搬送され、そこで6時間の手術。

頸椎損傷、肩関節骨折、左腕骨折、左手首骨折、骨盤骨折、右大腿脱臼、右膝関節骨折。

父から「実は……」と聞いたこと。

父は医師だった。国立近畿中央病院の院長だった。私の事故の知らせを聞いて救急病院（守口生野病院）の院長と相談した。「助かる可能性は低い。手術のしようがない」という話だったので、父は後輩が院長をしている大阪大学付属病院に私を転送したが、そこでも同じ診断だった。

父は院長に「息子はピアニストで指揮者だった。五体満足で死なせてやりたい。きれいな体にしてやってくれないか」と頼んだという。院長は「最善を尽くす」と約束をしてくれた。手首の粉砕骨折と骨盤骨折の大きな手術をやった段階で心肺停止になったため、その他の骨折（頸骨損傷、肩関節剥離骨折、腕の骨のひび割れなど）は手術しなかったそうだ。大腿骨の動脈の縫合もしなかったそうだ。

しかしＩＣＵで心肺が回復。数分の心肺停止だったから意識の回復は無理だと思ったそうだ。だから二日後に意識が戻ったことも、きわめてレアケースだった。

手術を見ている途中で故郷に帰り、上昇しはじめて苦しくなり、死を受け入れてから楽になり、光の世界で多くのことを知り、自分の生きる意味を知り、どうしてもこの世界に戻りたいと思ったこと。そして実際に意識が戻ったこと。そのことと一致する。

しかし、これは本当かどうか、確かめることも証明することもできない。

こんなことを話してもろくなことにならない。封印するしかない。

●砕けた骨盤

砕けた骨盤はボルトで固定したが、大腿骨の動脈は切れたまま。動脈が回復しなければ大腿骨が壊死、鉄製の人工骨を入れるらしい。動脈は4本あり、1本が回復する可能性は50％。しかし1本回復（50％）しても大腿骨は3か月で壊死、2本回復（25％）しても半年で壊死、3本回復（12・5％）しても1年で壊死なのだ。自分の足で、自分の骨で歩くには4本とも回復（6％）するしかないのだ。つまり16分の1の可能性だ。

骨盤と大腿骨が癒着しないように足を牽引しているのだが、なんと、脛の骨に穴を開けて鉄棒を通し、10キロの重りをつないでいるのだ。

自分の足から鉄棒が突き出ているのを見るのは恐ろしいものだ。

ベッドが揺れると重りが揺れ、鉄棒が動き、骨に激痛が走る。

●粉砕した左手

複雑骨折と粉砕骨折は全然違う。複雑骨折は骨の一部が皮膚から出ているもので、粉砕骨折は文字通り、骨が砕けてばらばらになり、骨をつないだり、位置を修正したり、何度も手術が必要で、時間がかかり、後遺症が残り、正常に戻るのは困難。

事故のとき見た通り、手首が逆方向に折れ曲がり、腕と手の甲はくっついた状態に。手首の骨はばらばら。切開手術もできなかったそうだ。レントゲンで見ながら、ばらばらになった手首の骨を釘で突き刺して固定。数本の釘が手首から突き出していた。それを肩からのギプスで固定していた。

●社会復帰は難しい

拷問のような全身の痛みに悶々とする私に、医者は「社会復帰は難しい」と告げた。追い打ちをかけるように、「左手首は治らないだろう。ピアノも車いすに乗ることすら無理だろう。家は改造した方がいい」と告げた。

眠ることだけが救い。痛みと絶望を忘れさせてくれる。

自殺

1か月すると痛みは和らぎ、寝たきりの生活にも馴れた。

面会も可能になり、家族、職場の仲間、合唱団の団員が見舞いに来てくれだした。

「生きててよかったですね」「早くよくなってくださいね」「復帰してくださいね」

「車いすで指揮をしてください。みんな、待っていますからね」

「お父さん、車いすに乗れるようになったら、どこにでも行きましょうね。富士山にも車いすを押していきますからね」

そんな言葉に泣きそうになるが、一人になると現実が立ちはだかる。

寝たきりの夫、寝たきりのお父さんは、いない方がいいのではないか。

いつ戻るともわからない常任指揮者はいない方が、次を手当てできる。

いつ復帰するかわからない研究員などいない方が、次の配属がしやすい。

私はいない方がいいんだ。私は死んだほうが、みんなにとっていいんだ。

その頃は自殺ばかりを考えていたが、寝たきりの人間には、自殺は難しい。

息を止めても4分くらいで苦しくて気を失い、息をしてしまう。

車いすに乗れるようになれば、病院の屋上から飛び降りることくらいできるだろう。

車いすに乗れるようになれば、病院の前の車道に飛び出して死ねるだろう。

それまでは、自殺は封印。

●SYさん

合唱団の団員から衝撃的なことを聞いた。

「アルトのSYさんが事故の現場を歩いていて、足もとにヘルメットが転がってきたんだって。まさかうちの指揮者だとは想像もしなかったから、そのまま通りすぎてしまった。そのことをすごく後悔していて、お見舞いに来るのがつらいんだって」と。

そうか……、あれも事実だったのか！……。

●シャドー

意識が戻ってからずっと違和感があった。

誰かがいる。目には見えないが、人の気配があるのだ。

私はその存在を「シャドー」（影）と呼ぶようになり、いつのまにか対話を始めた。

対話といってもシャドーは話すわけではない。だからかえって深く考えさせられるのだ。

シャドーは気配だけでなにも言わない。なにも言わず黙って見ているだけ。

悶々としていると、シャドーの気配がする。

だから（なぜ？）と問いかけられているように感じる。

私は（不安だ）と答える。

シャドーは黙っているから、（なぜ？）と問われているように感じる。

私は（このまま寝たきりなら、どうすればいいんだろう）と答える。

シャドーは黙っているだけだが、私は問われているように感じ、対話となる。

（なぜ？）　生活するには、お金が必要だから。

（なぜ？）　なぜって、当たり前だろ。お金は必要だ。

（なぜ？）　だから、お金がないと生活ができない。

（なぜ？）　だから……そうか、なぜなんだろう……。

２　シャドーとの対話

こんなふうにシャドーと対話すると、いろんなことに気づく。

当たり前だと思っていたことが、当たり前ではないことに。
わかっていると思っていたことが、わかっていないことに。
自分の考えだと思っていたことが、勘違いや、とらわれだったことに。
いままで自分の頭で考えていなかったことにショックを受けた。
以下、シャドーとの対話で気付いたことを書いてみる。

どう生きればいいか

成功することでもない。出世することでもない。
有名になることでもない。金持ちになることでもない。
生き方は社会や時代によって変わるものではない。
あらゆる生き物は、ＤＮＡに従って生きている。
人間だけがＤＮＡに逆らった社会を作り、ＤＮＡに逆らって生きている。
だから地球はいま、破局に向かっているんだ。
破局を避けるためには、ＤＮＡに従って生きること。
自然のルールに従って、自然の中で生きること。

無駄に争わない、無駄に殺さない、無駄に死なないこと。
人間だけが間違っている。
ＤＮＡに従わないものは滅びる。

●幸せに生きる

ＤＮＡに従っているとき安心を感じ、ＤＮＡに従っていないとき不安を感じる。
「共生」しているとき幸せを感じ、「共生」していないとき不安を感じる。
「共生」とは、自然の中で調和していること。自分も周りも安心していること。
幸せには、本当の幸せと、幸せのようなものがある。
本当の幸せは、みんなと共生、共有できるもの。
平和、自由、安心、喜び、愛、感謝、協力、介助、救助、助け合いなど無数にある。
幸せのようなものは、競争、争いによって人から奪い取るもの。
お金、出世、贅沢、豪邸、高級車、ブランド、グルメなど無数にある。
そうしたイミテーションは色褪せてしまう。だから「もっと、もっと」とほしくなる。
幸せのようなものは麻薬だ。麻薬中毒のように、無限にほしくなり、最後は破局だ。

この社会は宗教に例えるなら、破局に向かって突っ走る『モア・アンド・モア教』だ。

●お金

お金は人間が作り出した道具なのに、いつのまにか目的になり、いまや世界全体がお金に振り回されている。争いも犯罪も、貧困も、戦争も環境破壊も、世の中の不幸のほとんどはお金が原因だ。お金が無くならない限り、破局は避けられない。

「お金がなくなったら、どうやって生きればいいんだ！」と思う人もいるかもしれないが、逆だよ。過去の巨大文明はお金ゆえに滅亡したんだよ。

自然の中で暮らす人々は、お金がなかったから滅亡しなかったんだよ。

麻薬中毒、お金中毒から目を覚ますこと。

●仕事

食べること、寝ること、遊ぶことなど、自分のためにすることは仕事とは言わない。

人のためにすることを仕事という。お金のためにする仕事は職業、お金のためではない仕事はボランティア、趣味、道楽という。お金が無くなれば職業はなくなる。

職業が無くなれば、人々は無駄なことはしなくなる。無駄な争いや破壊もなくなる。

●お金のない世界

お金が無くなれば、お金にまつわるルールは消えていき、自然のルールを思い出す。

自然のルールは共生。共生とは、みんなが仲良く暮らすこと。

お金の社会では、お金をたくさん集めた人が尊敬されるが、お金のない世界では、たくさんの人を幸せにした人が尊敬される。

競争から共生へ。奪い合いからわかち合いへ。

お金の取り合いから、幸せの与え合いへ。

幸せのようなものから本当の幸せへ。

自分だけの幸せからみんなの幸せへ。

●小澤征爾さんのこと

私は、世界のマエストロ小澤征爾さんに質問したことがある。

「優秀な指揮者はどんな人ですか」と。

マエストロはちょっと照れたように「楽団員を邪魔しないこと」と答えた。

当時の私は、「優秀な指揮者とは自分の理想の音楽を実現する。優秀な楽団員は指揮者を邪魔しない」と信じていたから、小澤さんの言葉が理解できず、マエストロは若い私をからかったのだと思った。しかし今、そうではなかったことに気付いたのだ。

私は合唱団では、団員を邪魔していた！

私は職場では、部下を邪魔していた！

私は間違っていた！　私は傲慢だった！　私は馬鹿だった！

私は、私は……涙が溢れてきた……。

音楽も仕事も、みんなが個を高めていって、みんなで全体を作るのに……。

これまで「一糸乱れぬハーモニー」を求めていたが、それではハーモニーは生まれない。

一糸に乱れぬなんて独裁者の軍隊だ！　恥ずかしい……。

いろんな音程、いろんな音色が重なるからハーモニーが生まれるのだ！

社会も世界も同じ！　いろんな考え、いろんな人がいて、ハーモニーが生まれるのだ！
多ければ多いほど、素晴らしいハーモニーが生まれるのだ！
私のやっていくべきことのイメージがはっきりした！

3 気付き、決意

10年後、ソビエトの崩壊。
20年後、アメリカの崩壊。
30年後、日本の崩壊。
40年後、世界の崩壊。
千の太陽が輝き、世界は終わる。

世界は破局に向かっている！
原因は現状の不自然な社会！　お金中心の社会！　無限の経済拡大！
破局を避けるには現状を改め、自然のルールに従い、自然との共生を実現することだ！
それが私の使命、私の役割、そのために帰ってきたのだ！

シャドーとの対話で、具体的なイメージがはっきりした！

具体的な手順も、具体的な伝え方もはっきりした！

時間がない！　破局を避けるために、早く始めたい！

4　回復

この決意をしてから回復が早くなった。

粉砕骨折した左手は半年間のギプスで棒のように瘦せ、皮膚の下に筋肉はなく直接骨。

ギプスを切断した医師は「指を動かしてごらん」と言われたが、「指を動かす」という意味が分からない。どの指にどの筋肉とどの神経がつながっているかもわからない。

手首は固着、指は硬直して動かなかった。たぶん粉砕した骨がすべて接着してしまったのだろう。熱い湯の中に腕を入れ、祈るような思いでマッサージを続けた。

1か月は何の変化もなかった。骨と皮膚だけの腕を撫で、動かない指をマッサージ。

痛みに涙を流しながら、祈るような思いで。

しかし祈りが通じたのか、少しずつ血が通い始め、神経が目を覚ました。

かすかに動く指で軟式テニスボールを握る練習を始めた。

少しずつ力が戻ってきて、少しずつボールがくぼむようになった。握力計も重すぎて持てない状態から、少しずつ握力が測れるようになり、１か月で１キロ、２か月で２キロ、３か月で４キロ……。気が遠くなるようなリハビリだった。

やがてベッドのテーブルに電子キーボードを置き、指の練習を始めた。誰もいない時間や夜中にバイエルとツェルニーを、１曲を数百回ずつ練習した。

ボルトで固定された骨盤は徐々に回復したが、検査の結果、大腿骨の壊死が確認された。壊死が止まらなければ鉄の大腿骨を埋め込まないといけない。大きな鉄の塊が体内に埋め込まれると「冬は寒い」らしい。「ＭＲＩでは強力な磁石に引っ張られる」「飛行機の検査ゲートで引っかかる」などの話を聞いて、（元の生活には戻れないんだなあ……）と暗い気持ちになったが、（いや、そんなはずがない！　私にはやらなければならないことがある！　絶対に治して見せる！）と思い直し、「治れ！　治れ！」と念じ続けた。

全身の骨折（頚骨、肩関節、膝関節）にも「治れ！　がんばれ！」と念じ続けた。毎日、苦しいリハビリを続けた。寝る間も惜しんで夜中にもリハビリを続けた。時間がない！　寝ているわけにはいかない！

私には使命がある、そのために帰ってきたんだから！

●ついに車イスに

ついに車イスに乗れる日がやってきた！
自分の意志で動けるというのは、なんと素晴らしいことだろう！
看護師さんに押してもらって病院の前の公園に出られるようになった。
太陽の光が嬉しい！　風が嬉しい！　町のざわめき、生命のざわめきが嬉しい！
日向ぼっこしているお年寄り、お母さんや子どもたちを見ていて愛おしい！
小さな花にも陽が当たり、風にそよぎ、そこにミツバチもやってくる。
生きているってすばらしい！
見えること、聞こえること、話せること、感じること、すべてすばらしい！
どうしてみんな、気づかないんだろう！
生きていることがこんなに素晴らしいということに！

●ついに自分の足で

車イス生活が続いたある日、医師に「大腿骨の壊死は消えたよ！」と言われた！

「大腿骨の動脈4本すべてが修復しないと壊死は避けられない」と言われた16分の1（6％）の可能性が実現したのだ！　待ちに待った言葉だった！

歩行練習が始まった。体重で骨盤や大腿骨が潰れないように、義足のような補助装具を付けてロボットのようにガッチャン、ガッチャンと歩くのだ。

みんなにじろじろ見られながらも、希望に向けて歩き出せたのが嬉しかった。

●外泊、退院

看護師に「外泊できますよ」と言われてびっくり。病院では、自宅に帰って泊まることを外泊というのだ。外泊許可が出るということは、退院が近づいたことを意味する。

10か月ぶりの帰宅！　この景色、この家具、このにおい、子どもたちの声、一家団らん！

なつかしさに涙が溢れる！　一家団らんってすばらしい！　食事もおいしい！

「社会復帰は不可能」とまでいわれたこの身体が、あの決意から急に回復に向かい、事故から1年後ついに退院。医師も驚いた。奇跡としかいいようがない。

すべてに感謝！　私は社会へ出ていく！　大きな夢と希望を持って！

●なぜ回復したか

「再起不能」「社会復帰不可能」と診断された私が、なぜ社会復帰できたのか。
医師がなにを言おうと、私はネガティブなことは受け入れなかった。
私は、「自分の運命は自分で決める」と決めた。
私は、「やるべきことがある」と信じ続けた。
「世界の破局を避ける！　社会を変える！　未来を変える！」と決意した。
「合唱団を幸せにする！　職場を幸せにする！　家庭を幸せにする！」
たくさんの希望を持った！　治りたい、治るというイメージを強く持った！
それが自分の未来を生み出したのだと思う。
どんなことがあっても、絶対にあきらめないこと。

第3章　社会復帰

1 合唱団

「みんなの幸せの実現」の最初のチャレンジは合唱団だった。

杖をついて練習場に入っていくと、全員が迎えてくれた。

1年ぶりだったから、新入団員20名は知らない顔だった。

「まず、みなさんに謝りたい。私はワンマンな指揮者だった。これまで、音楽を押し付けてきた。これからはみんなで音楽を創り上げたい。これまで勝つための演奏をしてきたが、これからはみんなが楽しめる演奏をしようと思う。私は変わった。もう勝つための音楽はできない。私はきょうで辞任する。判断はみんなに任せる」

はじめは冗談だと思ったようだ。しかし、1年の入院、杖をついて帰ってきた。

人が変わった、雰囲気も変わった、もうスパルタも厳しい練習もできなくなったのだろうと思ったようだ。話し合いの結果、私は再び常任指揮者に迎えられた。

●指揮者の仕事

これまでは選曲、曲の解釈、曲作りも指揮者の仕事だった。

演奏の良し悪しも、ＹＥＳもＮＯも、指揮者の判断だった。

私は自分の理想の音楽を説明し、叱ったりほめたりしながら曲を仕上げてきた。

「コンクールに勝ちたいなら、こうしろ、ああしろ」という姿勢だった。

「先生、ここはこうではないですか」という意見には「誰が指揮者だ！」

「先生、カラヤンはこう演奏しています」という意見には、「ベルリンに行け！」

「休憩させてください」と言えば、「いやならやめろ！」

「３６４日苦しんでも、最後の１日に笑えばいいじゃないか、がんばれ！」が口癖だった。

それを１８０度変えたのだ。

マエストロ小澤征爾さんに教えられたこと、「みんなの邪魔をしないこと」を実行した。

「選曲は任せる。曲想も任せる。みんな自分が最高の演奏をしてごらん」

みんなあっけにとられていたが、やがてみんなで作り上げるということを理解した。

指揮者が強力にリードしなくなると、自主的に動き始めた。

徐々に変化が現れた。みんなが真剣に考え、意見を交わすようになる。

難しい部分ほど指揮をとめて、みんなに任せるようにした。

●キリストが十字架を担いでゴルゴダの丘を登る場面

団員A「いまのはきれいすぎる。もっと苦悩に満ちているはずだ」

団員B「音楽はきれいな方がいいじゃないか」

いろんな意見のあと、私は「お互いの意見を尊重して、もっといい音楽を」とだけ指示。

それだけで音楽は大きく変わるのだ。

団員C「いまのは苦しすぎる。キリストは苦悩だけではない。希望があるはずだ」

団員D「宗教論は嫌いだ。音楽としてとらえればいいと思う」

いろんな意見のあと、私は「お互いの意見を尊重して、もっといい音楽を」とだけ指示。

それだけで音楽はさらに変わるのだ。

「鳥肌が立った！　肩に十字架の重さを感じた！　目の前に光が見えた！」とどよめいた。

指揮する私も、流れる汗が、いばらの冠で傷ついて額から流れる血のように感じたのだ。

●大きな変化、大きな結果

いままでは、ワンマンな私が「違う！　もう一回！　違う！　もう一回！」という苦しい練習で仕上げていった曲作りが、みんなで作り上げられるようになった。

させられる練習から、自主的な練習に。納得できない練習から、総意による練習に。

そしてみんなが「よし！　これだ！」というところに達するのは早くなった。

練習は楽しくなり、練習時間も減った。

「きょうはもう終わり！　飲みに行こう！　カラオケに行こう！」

「364日苦しんでも、最後の1日で笑おうじゃないか！」が過去のものになった。

「364日楽しければ、最後の1日は泣いたっていいじゃないか！」に変わったのだ。

「コンクール出なくてもいいじゃないか」「審査してもらわなくてもいいじゃないか」という意見まで出るようになった。私の願っている通りになったのだ。

比較や評価、勝った、負けたなどどうでもいいじゃないか。

しかし、「これまでと違う私たちを観てもらおう、聴いてもらおう」ということに意見がまとまり、コンクールに出場することになった。

ステージの入場のしかた、整列のしかたで観客と審査員を驚かせた。

コンクール独特の緊張感（オリンピック選考会のような雰囲気）にそぐわないリラックスムードで入場、整列。笑顔、エキシビションのようなリラックスムードの演奏。

結果は、なんと、初の全国大会金賞！　ちょうど合唱団設立10年目だった！

メンバーも泣いた！　私も泣いた！

私の涙には、もう一つ別の意味があった。

（門出は近い。あと何度、指揮台に立てるだろう）
※詳しくは、『オーケストラ指揮法』をお読みください。

2 職場

職場にも復帰した。大きなプロジェクトの進行中だった。

そこでも部下に謝罪し、仕事のやり方を大きく変えた。

ここでもマエストロ小澤さんに教えられたこと、「みんなを邪魔しない」を実行した。

強力なリードをやめた。難しいところほど任せるようにした。

すると一人ひとりが能力を発揮するようになった。

もっとも出来が悪いと思っていた部下が、もっとも優秀だったこともわかった。

彼が能力を発揮できなかったのは、私のせいだったのだ。私が彼を邪魔していたのだ。
合唱団と同じく、仕事でも驚きの連続だった。
いい時期にいい製品が完成、主力製品としてヒット、100億円事業が成功した。
そのあとも大きなプロジェクトが成功した。
その後、本社に異動、社長、副社長の参謀として技術戦略を担当することになった。

3 家庭

家庭でも夫として、お父さんとして変わった。
妻の話をよく聴くようになった。子どもの話をよく聴くようになった。
「そうか！　よかったね！」と相手の気持ちを受け止めるようになった。
「どう思う？」「なぜ、そう思う？」と聞けるようになった。
子どもも親の言うことをよく聴くようになった。
※詳しくは小冊子『ありがとう』シリーズをお読みください。

４ 活動開始

私には、もう一つの未来の記憶がある。

「私の寿命は20年」

ゆっくりしてはいられない。

①私の使命

・現状の社会は破局に向かっている。
・私の使命は、破局を回避すること。
・「みんなが幸せな社会」を実現すること。
・事実を知らせ、どうすればいいかを知らせること。

②私のスタンス

「事実を知らせる」にも、いろんな方法がある。

学者のように、宗教家のように、評論家のように、活動家のようにはできない。

私はふつうの市民として、あえていえば科学者、実践者として伝えることにした。

③私のポリシー

・基本理念は「非対立」。主義主張しない、抗議要求しない、断定断言しない。
・対話する、話しかける、意見を聴く。
・よく聴く、受け止める。
・決してあきらめない。

●環境と平和をメインに

誰もが関心があり誰もが関係あるものとして、「環境と平和」を切り口にした。国内の環境と平和の学会、研究会に参加した。海外の情報も集めた。当時、現在のようなインターネットはなく、情報を集めるのは大変だった。日本環境会議、日本科学者会議などでも情報は乏しく、情報が遅かった。最も役に立ったのは、①ワールドウォッチ研究所のレスターブラウンさんの『地球環境白書』、②石弘之さんの『地球環境報告』、③スウェーデン大使館の方からいただいた資料（環境省のオゾン層破壊のブックレット）だった。

●農を学ぶ

未来の社会のイメージははっきりしていた。

お金のいらない社会。自給自足社会。農を基本としたコミュニティ。

そのために農を学ばなければならないと考え、勉強を始めた。

現状の農業は農薬（殺虫剤）、化学肥料を大量に入れるため土壌が劣化し、おいしくて栄養ある農作物が採れない。また現状の養牛、養豚、養鶏は狭い部屋にたくさん押し込み、健康にもよくないし幸せでもない。病気を防ぐために薬漬け、成長を早くするためにホルモンを投与、大変な状況だ。

以前の農業は、農薬や化学物質を使わず、良質の土壌を保つために、牛、豚、鶏もいっしょに飼育していた。そこで無農薬、有機農法、自然農法を基本として、合わせて自然に近い養牛、養豚、養鶏をやっている農業法人に行き、実習させてもらった。

同時に子どもたちは山村留学を体験させてもらった。

5 本社にて

研究部門から本社に異動、社長、副社長の参謀となることはきわめて珍しいことだった。私はひそかに「会社を変える、未来を変えるプロジェクト」をスタート。

●割りばしの撤廃

最初の取り組みとして、本社食堂でマイ箸で食べていると周りが「どうして?」と聞く。その時の会話から、総務課長が「全社の割りばしを撤廃」を決定、全社に通知して、全社の割りばしが洗い箸に変わった。1988年だったから非常に早い取り組みだった。私個人の提案だったが、「社長、副社長の参謀」という肩書きが大きかったと思う。

●フロンの全廃

モントリオール会議でフロン全廃が決まったが、日本政府は業界の強い圧力でサインをしなかった。私は社長にその事実を伝えた。社長は驚いて「なぜだ」と聞いた。

私は、環境の現状を話し、世界の動きを話し、私の思いを話した。

社長は、業界の圧力で政府がサインしなかったことを一社で実行することの難しさに悩み、私に宿題を課した。翌日、私は社長に宿題について話した。社長はまだ悩んでいた。

そこで私はプロジェクトを実行、辞表を社長に預けた。

社長は決断した。ついにわが社のフロン全廃が決まった。

新聞発表したとたん業界からクレームが殺到。しかしわが社は方針を変えなかった。

その結果、主要な大手企業が次々と「フロン全廃」を決定、翌年には日本政府もフロン全廃にサインをした。

私は涙が出るほどうれしかった。同時に私の中で、退職への秒読みが始まった。

●会社を変えるマイプロジェクト

①全社環境会議

副社長に提言し、副社長を座長とする全社環境会議を開催した。

環境の現状を学び、各部門が積極的に環境に取り組む方針を決定した。

大きな組織では具体的な動きにつながるまで時間がかかるが、最初にこうした仕掛けが必要なのだ。

②環境憲章の策定

全社会議の結果として、環境憲章が策定された。

これはアースポリシーと呼ばれるもので、「わが社は、社会貢献と合わせて、地球環境に貢献することを……」で始まる憲法のようなものだ。

③環境研究所の設置

大企業には社内に多くの研究所があるが、製品開発を主目的にしない研究所は初めてだった。技術本部、中央研究所に併設された。

④MGV（松下グリーンボランティア）の設立

会社の労働組合（10万人）全体として、森林保護、森林保全に積極的に参加する、ということが決定された。その経緯は、労働組合のトップであるT委員長に個人的に進言することで、大きな賛同を得て、実現にこぎつけたのだ。

6 旅立ち

講演を始めた。

最初のテーマは「オゾン層破壊」だった。スウェーデン環境省のブックレットを使った。

当時の日本ではほとんど知られていなかったことで大きな反響を呼び、次々に講演依頼が入るようになった。講演会の規模は十数名、数十名、社長に認められてからは、社内講演が増えた。講演会は数百名、千名規模になってきた。

ライオンズクラブ、ロータリークラブ、青年会議所、商工会、法人会、ＰＴＡ、教育委員会、中央省庁（通産省、建設省など）などの講演依頼が増えた。

●『地球村』の設立

講演を聴かれた方から「何か始めたい」「仲間になりたい」「情報がほしい」という声が多くなったので、１９９１年１月『地球村』を設立した。
①目的は「幸せな社会の実現」
②基本理念は「非対立」。抗議しない、要求しない、主義主張しない、戦わない。

③活動は、「事実を知り、実践し、事実を伝えること」

●ソ連の崩壊

1986年チェルノブイリ事故が起きた。それをきっかけにソ連が大きく変化し始めた。ゴルバチョフが情報公開（グラスノスチ）、再建（ペレストロイカ）を始め、新旧勢力の争いが激化し、5年の攻防の末、ソ連が崩壊した。

1991年、事故のちょうど10年後だった。未来の記憶の一つ目が実現した。その10年前、ソ連崩壊などいったい誰が予想しただろう。

●リオサミット

1992年、国連環境会議「リオ・サミット」に参加した。

世界172か国の代表が参加、協議資格を持つNGOの代表約2400人、のべ4万人を超える人々が集う国連史上最大規模の会議となり、その後の世界に大きな影響を与えた。

12歳の少女（セヴァン・スズキ）の歴史的スピーチにショックを受け感動した！

この時、多くの人は「歴史は変わる！　世界は変えられる！」と信じた！

国連の協議資格を持つＮＧＯの代表が堂々と政府と議論している姿にも感動した！

10年後に次回の開催が決まった。

私は、「次回私は日本最大のＮＧＯの代表として参加し、国連の協議資格（公式の発言権を得て）、世界を救う構想を堂々と発表するんだ」と自分に誓った。

●常任指揮者を辞任

合唱団は全国金賞団体になり、私も合唱連盟の理事になり忙しくなってきた。

講演も増えてきて、数年悩んだが常任指揮者を辞任することを決断した。

ラストコンサートはザ・シンフォニーホール。

アンコール曲はフィンランディアと大地讃頌だった。

合唱団員、満席の観客、みんな泣いてくれた。

鳴りやまない拍手の中、30年間の合唱活動に終止符を打った。

●会社を辞める

フロン全廃、全社環境会議、環境憲章、環境研究所、MGVなど、会社でできることはやりつくした感があった。社長、副社長、相談役など会社幹部の多くは、私の活動を理解、賛同してくれて『地球村』会員になってくれた。

講演依頼が増え、仕事との両立は限界に来た。ついに辞職を申し出た。

しかし社長のはからいで、「本社から『地球村』に出向を命ず」という異例の人事で、社長在任中、給与も支給していただいた。この特例の扱いに大変感謝している。

●ふるさとへ

ずっとふるさとのことが気になっていた。

事故の時、故郷に行ったのは事実なのか、夢だったのか。

1994年、事故から13年後の夏、意を決してふるさとを訪れた。

7歳の時、大阪に引っ越して以来、40年ぶりだった。

松山市の郊外の横河原。横河原線は今も単線だった。

終点の横河原駅に降り立った。木造の駅舎、旧字で駅名が書かれた木の看板。古い柱、古い天井、古いベンチ……昔の面影のままだった。

「国立愛媛療養所」の官舎も私の家の跡もあの時見たままだった。

巡礼のように思い出の場所を訪ねたが、すべて、あの時見たままだった。

ショックはなかった。やはりあの時、ここにきていたのだ。

これですべての準備が終わった。覚悟はできた。

第4章　ここまでの歩み

1 振り返り

１９８１年の事故当時は33歳。夢中ですぎた歳月だったが、気付いたらいい歳だ。最初の10年は準備だった。１９９１年に『地球村』設立、動き出してからは25年。

①１９９１年　ソ連は崩壊したが、ソ連が消えたのではなくロシアになった。
②２００１年　アメリカは崩壊しなかったが、「９・11」からアメリカはおかしくなった。
③２０１１年　日本は崩壊しなかったが、「３・11」から日本はおかしくなった。
④２０２１年　これはまだだが、世界情勢を考えれば、破局が始まる可能性は否定できない。
「世界終末時計」は最悪の「３分前」を示している。

※「世界終末時計」については検索してください。

●もう一つの未来の記憶

それは、私自身についての記憶。

「20年間で3000回の講演。主要な本3冊を書き残した」というものだった。

事故から20年だとすると2001年だから、とっくに終わっている。

活動開始から20年だとしても2011年だから、もう終わっている。

講演会は2001年時点で3000回に達している。

本も、すでに単行本、小冊子など50冊を超えているが、「主要な本」といえば、『地球大予測』『オーケストラ指揮法』『転生と地球』の3冊かもしれない。

「20年間で3000回の講演。主要な本3冊を書き残した」ということは、私はもう死んでいるということか。

しかし2001年当時の私は、そんなことを意識する時間もなかった。

年300回の講演をしながら情報発信を続け、本を書いていた。

当時、最も力を入れていたのは、1992年の「リオサミット」で自分に誓ったことだった。

「次回2002年のヨハネスブルグサミットには、日本最大のNGOの代表として参加、国連協議資格（公式発言権）をとって世界を救う構想を発表する」

このことが最大の目標で、その実現に全力を注いでいたのだ。

●日本最大のNGO

国際NGOは数十か国にまたがり、サポータは数百万人と規模が大きく、大きな資金力を持つ。社会的にも政治的にも影響力が大きい。国連や国際会議でもロビー活動や議論などで大きな影響力を持つ。対人地雷の禁止、小型武器取引の禁止など国際条約にも影響を与えた。環境破壊や環境汚染の企業にも圧力をかけ、事業をやめさせるなどの力を持つ。

しかし日本のNGOは規模も資金も小さく、社会的影響力はまだまだだ。『地球村』は1991年設立、2001年には正会員3万人、賛助会員10万人に達し、当時おそらく日本最大だったと思う。

●国連の協議資格

国連の協議資格は、国連会議に参加して、①傍聴できる、②発言できる、③議決権があるなどの資格で、①ロスター、②スペシャル、③ジェネラルの三段階がある。

国連活動に参加し実績が認められると、最初に①ロスターが与えられ、さらに活動が認められると②スペシャル、さらに活動が認められると③ジェネラルが与えられる。

まずは①ロスターを取るための準備を始めた。

しかし準備を始めてわかったことは、「承認まで2、3年かかり、2002年の国連サミットには間に合わない」ということだった。資格がないとサミットに参加もできないし発言権もない！　どうしよう！

しかし、私のポリシーは「あきらめない」こと。

国連サミットでは、「世界を変える構想」を発表するのだから！　そう決めたのだから！

とにかく国連本部（ニューヨーク）に書類を提出した。

その書類のもっとも重要な「世界を変える構想」はこれだ。

2『地球市民連合』

現状の国連では、「世界平和」も「世界を変えること」も実現できない。

なぜなら国連は、第二次大戦の戦勝国（5か国）が自国の利権を守るために設立されたものだからだ。現在は多くの国が参加しているが、各国が自国の利権を守ろうとしている状況は変わらない。これでは世界平和も実現できないし、世界を変えることもできない。

本当の意味で世界平和を実現し、世界を変えることができるのは、国家、民族、人種、宗教の国境を越えた全人類のネットワーク『地球市民連合』なのだ。

世界中の人々がインターネットで意見を述べたり、情報を送ったり、相談し、必要な行動を起こすのだ。圧倒的な人数で意志表示、資金や物資、技術力や労働力を提供すれば、現状の国連よりも、はるかに大きな力となるだろう。

①戦争をする国に対して

世界中の人々が、「No War（戦争反対）」の意志表示と共に、その国の製品を買わない、その国と交流をしない、観光や渡航をやめるなど、ありとあらゆる影響を与える。

現状の国連や政府の「経済制裁」よりも平和的で大きな効果がある。

②平和の実現に向けて

現状、世界の軍事費は年間1兆ドル以上。

一方、平和の実現に必要なお金は、

(1)対人地雷の全廃　300億ドル

(2)全核兵器の解体　　600億ドル
(3)世界の飢餓の救済　　1000億ドル
(4)重債務国の負債を免除　　4000億ドル
合計　　5900億ドル

つまり軍事費を平和に使えば平和が実現できる。

こうした事実を全世界の市民に知らせ、その実現に向けて意思表示と行動することを呼びかけるのだ。

③環境の保全、災害の救済、飢餓貧困の救済

世界の人口は70億人。少しでもお金を出せる人たちは10億人いるだろう。
(1)災害に100億円が必要なら、1割の人が100円出せばいい。
(2)大きな災害に1000億円必要なら、1割の人が1000円出せばいい。
(3)貧しい国を救うために1兆円必要なら、1割の人が1万円出せばいい。
(4)全世界の飢餓貧困を解決するには、1割の人が毎月1万円出せばいい。
現状の国連では不可能なことも、全人類、その中のお金に余裕がある1割の人が本気で動くならばほとんどのことが可能になるのだ。

私たち一人ひとりの力は小さいけれど、その力を合わせせると、どんな経済大国よりも大きな力が発揮できるのだ。

●扉は開いた

2002年のヨハネスブルグサミットで、この構想を発表するにはどうしても国連の協議資格が必要。全国の『地球村』の仲間、サポータ10万人が本気で動いている。

私は2001年のゴールデンウイークを利用してニューヨークの国連本部を訪問した。

そして担当部署に行き、担当課長（女性）に直接交渉した。

『地球村』の理念と活動、そして私の熱い思いを話した。

課長は「オー！　グレイト！」と熱心に聞いてくれた。

私が、世界を変える構想として『地球市民連合』を説明すると、課長は「私もいまの国連では世界平和は実現できない、世界は変えられないと思う。でも、このアイデアは素晴らしい！　ぜひ、国連でそれを発表してほしい！」と言ってくれた。

そして申請書類を調べてくれたが！

「アイムソーリー……、書類審査は４月で終了していて、あなた方の書類は時間切れで来年送りになっている」とのこと！

ここであきらめたくなかった私は、「なんとかならないか？　これは世界を救える構想だから、何とかしてほしい！」と頼んだ。

課長は、「私もそう思う。あなた方に発表してもらいたい」と言った。

しばらく考え込んで、「ＯＫ！　やってみる！」と言って電話をかけ始めた。

２、３の部署に電話をした後、ウインクして「ドア　オープン！」と言った！

それから夢のような事態が展開！

私たちの申請書類が届けられ、課長はそれを手早くチェック、間違いや不備を訂正、修正、推薦の言葉を書いてくれた。最後に、申請が「ロスター」になっているのを見て、「ノー！スペシャル！」と言って、次のステップの「スペシャル」に書き直した。

そして、「マイベスト！」と言って親指を立てた。

私は課長に感謝し、かたい握手を交わした。

課長は私に「ドゥ　ユア　ベスト！」と言ってくれた。

これは信じられないくらいのラッキーだった。

書類審査は４月で終了。私が国連に行ったのは５月２日。２日遅かった。

問題はそれだけではなかった。課長の修正は一つ二つではなかった。例えば台湾やチベットなど国連では使ってはいけない言葉があった。また英語表現にも問題があった。『地球市民連合』の説明にも問題があった。国連を否定してはいけなかった。

本来ならば、それを訂正して改めて申請すると何か月も遅れるから、正式にパスするまで2、3年かかってしまうのだが、直接交渉できたので、たった1日、わずか2時間でパスしたのだ。その間、課長も全面的に協力してくれたのだ。

しかし認証されたわけではない。正式には半年後の国連の理事会で決定されるのだ。書類審査で通過したものは23件だったそうだが、何件が認証されるかはわからない。全部パスするかもしれないし、ゼロかもしれない。

申請数はわからないが、全世界から1年間に申請される数は数百件はあっただろう。心待ちにしていたとき、大変なことが起こった。

それが「9・11」だった。

世界は混乱、国連も混乱。問い合わせると理事会は延期、審査はできないという。

しかし、2001年も暮れようとする頃、翌年1月に理事会を開き、審査を行うとのこと。審査に立ち会ったほうが有利とのことだったが私は無理だったので、代理を送った。

その審査会も時間切れで途中で打ち切りになったが、その最後の審査は、「もっとも遠方から参加した団体にチャンスを」ということになり、『地球村』が最後の審査になった。その結果、『地球市民連合』の構想に満場の賛同の声が上がり、認証が決定した！

ほとんど不可能な状況の中で、いくつものラッキーに恵まれ、協議資格「スペシャル」を得たのだ！「あきらめない」ということはとても大切なことだと実感した。

●平和のメッセージ

せっかくヨハネスブルグサミットに参加するのだから、『地球市民連合』構想だけではもったいない。なにか、素敵なことにチャレンジしたい！

アイデアを募った結果、「日本の自治体の首長さんから、アナン事務総長へメッセージを届けよう」ということになった。全国の『地球村』の仲間が実際に、それぞれの自治体の首長さんに直接会い、趣旨を説明してお願いした結果、７００以上の自治体の首長から「平和のメッセージ」をいただいた。東京都知事、大阪知事、広島市長、長崎市長などから多くの協力をいただいた。

●海外の事前会合

サミット前の1年は、国連主催の事前会合がひんぱんに開催された。ニューヨークの国連本部、ジュネーブの国連支部、バリなどで行われ、私はそのすべてに参加した。毎回、『地球市民連合』構想を発表し、大きな反響を呼んだ。特に一番最後の事前会合（ニューヨーク国連本部）では感動的なできごとがあった。

当初、私たちの構想に否定的だった大きな国際NGO（アフリカ系）の幹部たちとひざ詰め談判をした結果、劇的な逆転が起こり、代表ゴードン氏と固い握手とハグを交わし、共同提言することになったのだ。※詳しくは『非対立』をお読みください。

●国内の準備会

国内でも、外務省、環境省などの主催で準備会合が開催され、「日本としてなにを発表するか、なにを提言するか」の議論が重ねられた。国と企業とNGOが招集され、私はすべての会議に参加したが、政府や事務局の「形だけの意見を聞く会」「本音ではなにもやるつもりはない」というのが見え見えだった。結局、消化試合のような無意味な会合に終わった。役人仕事、政府の仕事って、こんなものが多い。

●ヨハネスブルグへ

２００２年8月、ヨハネスブルグサミットが開催された。全国の『地球村』の仲間に呼びかけ１２３人が参加することになったが、この人数はサミットに参加したＮＧＯとして最大だった。

「日本最大の団体として、『地球市民連合』構想を発表するために。さらに７００以上の自治体首長の「平和のメッセージ」を携えて」

10年前リオサミットに一人で参加した当時の夢を、実現しようとしているのだ。

●開会式

現地に入った初日、開会式が行われた。

会場は政府会場とＮＧＯ会場に分かれていて、政府会場はセキュリティが厳しく招待者しか参加できなかった。政府会場で行われた開会式は、ＮＧＯ会場の大画面で中継された。

開会式のメインはマンデラ前大統領の挨拶が予定されていたが、体調がよくないそうで代理の方が画面に映った。それはなんと、私たちの『地球市民連合』構想の共同提案の代表ゴードン氏だった！　彼はサミットのキーマンだったのだ！

●NGO会場

私たちが主として活動したのはNGO会場だった。広い敷地に多くの会議棟があり、食堂、NGOブースがあり、絶えず多くのイベントで盛り上がっていた。アフリカの鮮やかな太陽のもと、原色の民族服を着たアフリカの参加者が半数、そして世界中から集まったNGOの仲間たち！　その中で『地球村』の仲間123名の元気なパフォーマンス！

私たちの目的は、『地球市民連合』構想をアピールすること。

毎晩、作戦会議を開き、役割を決め、チームを分け、いろんな作戦を立てた。着ぐるみを着たり、「よさこいソーラン」を踊ったり、ピースパレードをしたり、NGOメンバーや一般市民にパンフレットを配り、『地球市民連合』構想を説明し、賛同の署名をもらった。ほぼ毎日、夕方には説明会を開いた。

アフリカの熱い季節だったが、短い睡眠で思い切り動いた。

ピークには最も大きな会場（３００人以上）を借りて『地球市民連合』の決起大会を開催した。会場は満員。ほとんどは外国人。

私の説明に会場は割れんばかりの拍手！　最後はスタンディングオベイション！

サミット滞在中、60か国以上のＮＧＯから８００筆以上の賛同の署名が集まった。

これで私の夢の第一歩、第二歩が踏み出せた！

●政府会場

政府会場はセキュリティが厳しく、私も記者会見など、わずかしか入場できなかった。『地球市民連合』構想は、ＮＧＯ側の提言の中には含まれたが、サミット宣言にはかんたんな語句「ＮＧＯの役割は大きい。政府とＮＧＯの緊密な協力は不可欠」として書かれただけだった。日本からは元首相の海部さん、元環境大臣の川口さんなどが来られて、私たちを激励してくれたが、単なる参加者で存在感はなかった。お祭りは終わった。

●『地球市民連合』構想の今後

もし、サミット宣言に入っていたなら、国連の責任で組織を作り、強力に推進されたかもしれない。また、提案者として私たちが、事務局や運営に関わるということもあったかもしれない。しかし残念ながら、そうはならなかった。

『地球市民連合』のイメージははっきりしていたが、当時は今のようなＹｏｕＴｕｂｅも、Ｆａｃｅｂｏｏｋもなかった。私たちは、それを実現する人材、技術、費用の壁にぶつかって、休止するしかなかった。このアイデアは、２００２年にはまだ早すぎたのだ。

●平和のメッセージをアナン事務総長へ

日本から携えた「平和のメッセージ」をアナン事務局長に渡そうとサミット事務局に掛け合ったが、事務局では「判断ができない、預かれない」との回答。さらにセキュリティが厳しくて直接手渡すこともできない。困っていたとき、国連の平和大使・ジェーングドールさんがＮＧＯ会場の私たちのブースにやってきた。だめもとで、彼女に私たちの思いを話し、「平和のメッセージ」を事務総長に渡してもらえないか、とお願いすると快諾してくれた。とてもうれしかったが、結果はどうなったんだろう……と不安だったが、なんと！

帰国後しばらくして、アナン事務総長から感謝の手紙が届いた！

ああ、なんとラッキーなこと！　ほんとに私たちはついてる！

本気で頑張っていると、みんなが味方してくれることを実感した！

3　一旦停止

サミットまで全力でやってきた。フル回転だった。

ここまでは幸運の連続。
・『地球村』は設立10年で国内最大のNGOになった。
・わずか1年で国連の協議資格を得た。
・サミットに参加し、『地球市民連合』構想を発表した。
・平和のメッセージをアナン事務総長に届けた。
・『地球市民連合』構想は正式採用されなかったが、いつの日か世界を救うだろう。
10年前のリオサミットで抱いた大きな夢は、ある意味実現した。

考えてみれば、私の事故から21年、退院してから20年。

そうか……私の役割は終わったのか……。

熱気球のバーナーの火が消えたみたいに、全国の仲間もパワーダウンした。

●つらい時期

私に聞こえてきたのは、

『地球村』は変わった。

『地球市民連合』は主義主張だ、政治的だ。

という意見だった。そうか、そう見えるのか。

世の中を変えるために、『地球市民連合』はとてもいいアイデアだと思う。

いまはまだ無理だったけど。

しかし、実現できない以上、結果的には失敗なのだ。

責任をとれ、代表をやめろ、という声もあった。

しかし私がやめても何にもならない。私が講演をさせてもらい、本を書いて、それに賛同して多くの仲間が集まってくれたのだ。みんなで活動してきたのだ。

私は給与をもらっていない。私もボランティアなのだ。

原点に戻る

私は、なにがしたかったのか。私の使命はなんだったのか。

私は、世界の破局を救いたい。「みんなが幸せな世界」を実現したい。

『地球市民連合』を創りたいわけではない。それは一つの手段だったのだ。

手段の実現に夢中になると、手段が目的になってしまう。

お金は一つの手段なのに、それが社会の目的、国の目的、世界の目的になり、そのために戦争が起こり、多くの人が不幸になり、世界は破局に向かっているのだ。お金をなくせば、ほとんどの問題は解決するだろう。

私の目的は「幸せの実現」なのだ。その方法の一つが『地球市民連合』なんだ。

その方法がいまは無理なら、別の方法を考えればいい！

そうだ。人は決してあきらめなかったのだ！

「あきらめない」は私のモットーではなく、人類のモットーだったのだ！

よ～し！　私はあきらめない！

●生き方

私は、なぜ環境と平和に取り組んできたのか。

環境と平和は、「幸せな生き方」「幸せの実現」を伝えるための手段だったのだ。「大事なのはお金ではないでしょ？　大事なのは幸せの実現でしょ？　お金は手段でしょ？　手段のために命を失ったり未来を失ったり、幸せを失うのはおかしいでしょ？」「みんなが生きる意味を見失ったから、破局に向かっているのでしょ？」ということを伝えたかったのだ。

中には、「世界の破局は止められますか？」と聞く人がいる。

私は「止められる。未来は変えられる」と答えた時期があったが、そう答えると、「そうかあ、よかった。じゃあ、がんばってください」という言葉が返ってきた。

そういう人もいるのだとわかってからは、「現在が変われば未来が変わる。だから現在を変えよう」と答えるようにしている。

私は、「破局が避けられるかどうか」よりも、希望に向けて生きること、希望をもって生きることの方がはるかに大事だと思う。

以前、合唱団で全国金賞を目指していたとき、私は指揮者として「最後の1日を喜ぶために、364日苦しんでもいいじゃないか」と団員を引っ張っていたが、事故のあとは、「364日楽しもう。最後の1日くらいがっかりしてもいいじゃないか」と本心から思えるようになった。

実際その方がはるかに楽しかったし、最後の1日も最高の結果だった！

毎日を幸せに生きればいい！　そのためには、毎日ベストを尽くすことだ！

あの合唱のように、みんなの幸せを願い、みんなとともに、幸せを実践すればいいのだ！

それはしんどいことじゃない。それは楽しいことだ！

幸せな人の周りには、幸せが広がる！　みんなが幸せになり、未来は変わる！

本当に伝えたいのは、幸せな生き方なんだ！

それが私の原点、それを伝えていこう！

第5章　世界の破局

1 現状認識

私たちは、知っていることしか知らない。自分の周りのことしかわからない。

例えば、日本では車検を受けないと車に乗れないし、車検は10万円以上かかる。だから車検が近づくと新車を買う人が多い。それが日本の自動車産業を支えてきた。しかし、多くの国では車検はない。車検は任意で、費用も安い。

日本では、同じ道路を掘ったり埋めたり掘ったり埋めたりしているが、多くの国ではそんな無駄なことはしない。道路工事は都市計画法によってガス、水道、下水、電気、光ケーブルなどをまとめて工事する。この日本のやり方は、公共事業が潤う、無駄の象徴なのだ。

もっと大きな地球の現状、世界の現状をまとめてみる。

●地球環境

最大の問題は地球高温化。（温暖化という言葉は穏やかすぎて誤解を与えている）以前よりはっきりと高温化している。すでに異常気象で世界中では様々な問題が起きている。

さらに高温化が進むと、熱波、干ばつ、洪水などで日常生活だけではなく農業の打撃、食糧危機は避けられない。日本は食糧自給率が極めて低いため（主食自給率28％、カロリー自給率40％）、食糧輸入が途絶するとたちまち飢餓に襲われる。

１９７８年のＮＨＫ特集「食糧輸入ゼロの日」では、日本の食糧輸入がゼロになれば、「１年以内に餓死者３０００万人」と結論していた。

現在、日本の食糧自給率はさらに下がっているから、さらに悲惨なことになる。

それなのに日本政府はＴＰＰで、日本の農業を破壊しようとしている。

●原発事故

今後、最大の問題の一つは巨大な地震、巨大な火山活動だろう。

地震と噴火はともに地殻運動だから連動する可能性が大きい。

地震と火山はいつの時代も大きな被害、多くの死者を出してきたが、いまは大きく状況が違う。高層ビル、高速交通が直撃されると、これまでとはけた違いの被害が出る。

そして原発（原子力発電所）が事故を起こすと、さらにけた違いの被害が出る。

２０１１年の東日本大震災から5年たったが、原発事故は収束していないし、廃炉の見通しも立たない。汚染水は海に垂れ流し。帰還困難、居住制限区域は原発から40キロに及ぶ。

２０１６年の熊本大震災も大きな被害を出した。もし原発事故が起きていたらどうなっていただろう。原発事故は核兵器使用以上の大惨事を招く可能性が高い。

火山地帯、大きなプレート４枚が集中している日本で、原発を推進してきたのは大失敗、大失政なのだ。世界全体が脱原発に向かっている中で、日本政府が国民の声を無視して、まだ原発を推進しているのは理解しがたいことだ。

原発は自然災害だけではなく、テロやコンピュータミス、人為ミスなどでも大きなリスクだ。「脱原発と核廃絶」は人類最大の願いだ。

●経済の現状

衝撃的な現状はこれだ。

「世界の1％の富裕層の資産が、残りの全人類99％の資産を上回る」

http://buzzap.jp/news/20160118-oxfam-economy-for-1/

最富裕の人たちは毎日1億円以上使っても、一生使い切れないお金があるのに、最も貧しい10億人以上の人たちはいつも飢えていて、毎日数万人が餓死しているのだ。

現状の経済は一言でいえば競争（奪い合い）だから、豊かな人は奪ったから豊かになったのだ。貧しい人は奪われたから貧しくなったのだ。競争（奪い合い）にフェアはない。

生まれながらみんな能力は同じではないのだ。みんな生まれながらハンディがあるのだ。ハンディは国家の認定する障害等級のことではない。

努力しなくても東大に入学できる人、努力しなくても金儲けのうまい人もいれば、努力しても義務教育が難しい、努力しても簡単な仕事が難しい人もいるのだ。それは国家の認定する障害等級には当たらない。その結果、ある人は何億円でも稼げる、ある人は食べるための千円が稼げない。それが対等に競争し、ある人は超富裕層になり、ある人はホームレスで死んでしまう。そんな現実、どう思いますか。

世界の戦争や紛争、飢餓貧困は、この大きな格差が原因なのに、誰もこれを改めようとしないばかりか、むしろ年々この独占率は増加しているのだ。

●日本はもっとおかしい

安倍政権になって日本の終わりが始まったと思いませんか。

アベノミクスで「GDP600兆円」という目標を掲げているが、これは無理だ。

日本経済は過去20年、GDP500兆円でほとんど変わっていない。すでに飽和しているのだ。（ほしいけれども買えない）のではなく、（いらないから買わない）のだ。

むしろ少子高齢化でGDPは下がりつつある。それを無理に上げようとして無駄な公共事業を増やすから、毎年50兆円の無茶な赤字が続くのだ。

そんなことより、「格差をなくすこと」が大事なことくらい誰でもわかるだろう。

こんな「無理、無駄、無茶」をいつまで続けるのか。

●すさまじい日本の少子高齢化

子どもは15歳未満、高齢者は65歳以上だそうだ。
・１９５０年、子どもは36％、高齢者は５％。
・２０１５年、子どもは12％、高齢者は35％。
・子どもは３分の１に、高齢者は７倍に！
原因は、女性の就職、晩婚化、教育費（１４００万円～２０００万円）、価値観の変化、将来に対する不安、社会の不安、経済的な不安が大きい。

●紛争と戦争

２０１６年現在、大きな危険は中国とアメリカ、ロシアとアメリカ、イスラム国と欧米。

日本の周辺では、北方問題（ロシア）、尖閣諸島（中国）、竹島（韓国）、南沙諸島と西沙諸島（中国）、さらには小笠原諸島（中国）、沖ノ鳥島（台湾）も浮上してきた。

北朝鮮は独裁者が核実験、ミサイル実験を繰り返している。

全世界では、つねに数十の国と地域で紛争や戦争が続いている。

テロの犠牲者は年間1000人だが、「対テロ戦争」による犠牲者は年間10万人。「テロとの戦い」と主張する報復攻撃も、無人攻撃機も、ドローンも、リモコン攻撃もすべてテロだ。

きっかけはなんであれ、核兵器が使用されれば取り返しがつかない。

●最終戦争

最終戦争は、核弾頭を積んだミサイルの打ち合いになる。

日本は北朝鮮のミサイル発射のたびに迎撃ミサイル、パトリオットを準備するが、これはほとんど効果がない。ピストルの弾をピストルで撃ち落とすことが無理なのと同じように、ミサイルをミサイルで撃ち落とすことは困難。

ピストルの弾は音速と同じだが、ミサイルは音速の10倍。

ミサイル撃墜実験は自分が発射したミサイルを自分が撃ち落とすデモンストレーションだが、相手が不意に発射したミサイルを撃ち落とすのは99％無理。

ミサイル発射から着弾まで、地球を半周するのに最大でも2時間。

軍事衛星がミサイル発射をキャッチした場合、ミサイルが核弾頭を搭載しているかどうかを確認する時間もないし、迎撃許可を受けている時間もない。中枢部が核攻撃されてからでは反撃ができない。

だから、戦争が起きる可能性が大きくなると非常事態宣言をする。

非常事態が宣言されると、敵の攻撃に対する反撃には大統領許可（キー）はいらなくなり、軍事衛星が敵のミサイル発射をキャッチすると自動報復装置が起動し、敵の主要都市、主要施設への核攻撃が始まる。主要施設には原発も含む。

敵も同様。相手のミサイル発射をキャッチすれば、同様に相手の主要都市、主要施設への核攻撃が始まるのだ。それが現実となれば双方が壊滅するだけではなく、周辺国、同盟国も巻き込まれる可能性が大きい。

現在核保有国は10か国以上、核弾頭の数は１万７千発以上。

その１割（千発以上）が使われたなら世界は終わる。

（そんな馬鹿なことはしないだろう）と願いたいが、過去の歴史を考えてもらいたい。

これまで戦争は繰り返され、最悪のことをやってきた。

現実に核ミサイルを保持している国は、相手国の主要都市、軍事施設、原発などに照準を合わせている。だからこそ、核廃絶、脱原発は絶対に必要なのだ。

2　根本原因はマネーゲーム

戦争、飢餓、貧困、環境破壊など世界の不幸のすべては、マネーゲームが原因だ。

おかしなことに、マネーゲームに参加している国を先進国、参加していない国を未開国と呼んでいる。マネーゲームとは、お金を目的としたすべての活動だ。

ふつうのゲームにはルールがあり、スタートとゴールがあるが、マネーゲームにはルールもなく、スタートもゴールもない。生まれると親が参加しているゲームに参加し、死んでもゲームは子どもに引き継がれ、ゲームは終わらない。

ゲームは非常に不公平で、親が貧しければ、不利な条件でゲームに参加しなければならないし、親が豊かであれば、有利な条件でゲームに参加できるから、よほどの逆転が起こらない限り、格差は広がるばかり。

「それならルールを改めればいいじゃないか」と思うだろうが、それは無理。

なぜならば、ゲームのルールを作るのはゲームの勝者だから。

●マネーゲームの現状

・最富裕層１％の資産は、その他99％の資産を上回る。
・日本では、最富裕層10％の資産は、その他90％の資産を上回る。
・その結果、飢餓貧困は20億人、戦争や紛争の恐怖の中で生きている人は25億人。
・日本の貧困率は先進諸国で最悪、16％を超えた。

この知られざる現実に、ほとんどの人がショックを受け、怒りを感じるだろう。

しかし、最富裕層、富裕層の人たちは、「私は悪いことはしていない。私は能力があり、才覚があり努力をしたから豊かになった。あなたはそうではなかった」と言うだろう。

一生かかっても使い切れないお金を持っているのだから、貧しい人に分け与えればいいのに、と思うかもしれないが、あなたが無駄使いしないのと同じように、富裕層も無駄使いしたくないのだ。

あなたが節税するのと同じように、富裕層も節税する。

●所得税の現状

所得		税率
①195万円以下		5%
②195万円超	330万円以下	10%
③330万円超	695万円以下	20%
④695万円超	900万円以下	23%
⑤900万円超	1800万円以下	33%
⑥1800万円超	4000万円以下	40%
⑦4000万円超		45%

よくみると、おかしいことに気づくだろう。

有名な野球選手、テニス選手でも年間数十億円の収入があるし、有名な企業家は所得1000億円以上の人もいるが、4000万円以上の人と同じ税率なのだ。

これは税金の意味を考えると明らかにおかしい。累進課税という言葉もあるのだから、高額所得者には税率はどんどん上げていくべきだ。所得10億円の人には90%でもいいし、所得１００億円の人には99％、所得１０００億円の人には99・９％でもいいのではないか。

そうすれば庶民の税金は必要がなくなる。

●資産、相続の現状

世界一の資産家ビル・ゲイツ氏は８・５兆円。日本も1兆円以上の資産家は数名いる。
１０００億円以上の資産家は世界では２０００名、日本にも数十名いる。
しかし、その巨額の資産には税金がかからないのだ。
例えば一定額以上の資産を没収すれば、格差もなくなり、庶民の税金は不要になる。
格差を生む仕組みと対策方法は、『宇宙船地球号のゆくえ』をお読みください。

●マネーゲームはやめないといけない

①マネーゲームはイカサマだ。
②ゲームを続ければ続けるほど格差は広がる。
③現状のルールは根本的に間違っている。

戦争も格差も環境破壊も、すべてはマネーゲームが原因であり、ゲームのオプションなのだ。つまりゲームに勝つと環境破壊が起こり、環境ビジネスがまた次のゲームに有利になるのだ。環境破壊は貧しい人々に打撃を与える。ゲームの結果、戦争が起こり、戦争ビジネスでまた次のゲームに有利になるのだ。戦争は貧しい人々に打撃を与える。

戦争はゲーム最大のイベントで、これまで何千万人、何億人死んでもゲームは終わらなかった。ゲームを続ける限り、全員死ぬまでゲームは終わらないだろう。

破局を避けるには、ゲームをやめるしかない。

3 ホピの予言

グランドキャニオンに住むアメリカ先住民ホピ族には、2000年前からの伝承がある。それによると、人類はこれまで三つの栄枯盛衰があり、現代は第四の文明である。
・第一の時代、人々は幸せに、すべての動物、植物たちと共存していた。
・第二の時代、人々は欲張りになった。神は怒り、世界を氷で覆った。
・第三の時代、人々は争うようになった。神は怒り、世界を大洪水で沈めた。
・第四の時代、現在、人々は贅沢になり傲慢になり、自ら滅びようとしている。

人は、掘ってはいけないものを大地から掘り出し、
ひょうたんに詰めて空からばらまく。
千の太陽が輝き、世界は終わる。

これが「第一の予言」だ。
これに続く「第二の予言」がある。

世界がまさに終わらんとするその時に、
世界各地に虹の戦士が現れて、平和のために戦う。

私が、この「ホピの予言」を知ったのは２０００年頃だった。
これを信じるわけではないが、私の体験、「未来の記憶」とつながっている。
私は（世界の破局を救いたい！）と切に願って、ここまで頑張ってきた。
世界の破局を救うために戦うという「虹の戦士」にも強く共感する。
しかし「戦士」や「戦う」は、私の理念に合わない。
そこで「戦士」を「天使」に、「戦う」を「幸せの種をまく」に改めることにした。

世界がまさに終わらんとするその時に、
世界各地に虹の天使が現れて、平和のために幸せの種をまく。

もちろん、世界の破局が来るのを待つわけではない。すでに破局は始まっている。破局を知った人は、いますぐ準備し、いますぐ幸せの種をまくのだ。幸せの種には、小さな種、大きな種、すぐに芽を出す種、ゆっくり芽を出す種、小さい花を咲かせる種、大輪の花を咲かせる種、たくさんの種を残す種、種を残さない種、いろんな種がある。失敗を恐れず、やれることから始めよう。

第6章　未来へ

1　破局を避けるには

①地球のルールに従う

(1)自然との共生、みんなとの共生。
(2)みんなが自由で幸せであること。

社会のあり方も、人々の考え方、生き方もこれに従うこと。

窮屈、不自由、不便と思うかもしれないが、まったく逆なのだ。

私たちの社会こそ、マネーゲーム、戦争、格差、環境破壊など、あらゆる面で不自然で、不自由で、野蛮で、残酷で、不便なのだ。

私たちの社会は、知的生物が見れば、「なんと不自然で残酷な社会だ!」と思うだろう。

競争社会では毎日が「競い争う生活」で、お金と時間に追いまくられ、毎日が「戦争」、

毎日が「仁義なき戦い」なのだ。

ただし、突如、それらをすべて投げ捨てて、野生の世界に戻ろうというのではない。

私たちの世界に、突如、ライオンやゾウが入ってくるわけではない。

②文明、進歩を見直す

これまでは自然と逆方向に進むことを文明や進歩と呼んでいた。

1万年前、農耕を始め、定住を始め、食糧の備蓄を始めた。

それは地球のルールの中での工夫だったから、文明、進歩だったといえる。

しかし、お金を目的とする社会を作り、お金のための政治、お金のための経済、お金のための仕組みを作り、お金のために戦争を始めたのは、もはや文明でも進歩でもない。

現状はあきらかに行きすぎだ。それを見直し改める必要がある。

③政治経済を見直す

本来、社会は、みんなが幸せ（安全、平和、快適）に暮らすためのものだ。

「みんなが幸せに暮らす」ための秩序を政治と呼ぶなら、政治は必要だ。

「みんなが幸せに暮らす」ための物の供給を経済と呼ぶなら、経済は必要だ。

しかし現状の政治経済はお金を増やすこと、お金の奪い合いであり、「みんなの幸せ」とは正反対、戦争や格差や不幸を生み出した。

社会は、「みんなの幸せ」を実現するためのものに改める必要がある。

④科学、技術を見直す
科学、技術は、戦うための道具や、「大量生産、大量消費、大量廃棄」など、地球のルールに反したものが多かった。科学や技術も地球のルールに従い、「みんなの幸せ」を実現するものでなければならない。

2 マネーゲームをやめる

破局を避けるためにはマネーゲームをやめる必要があることは明らかだ。
ゲームをやめるためのステップを述べる。

①所得税を改める
現状、「所得4000万円以上は最高45%」で止まっている税率を累進課税にする。

「10億円以上は90%、100億円以上は99%、1000億円以上は99.9%」にするか、「所得は上限1億円、それ以上は没収」とする。

②資産税を改める

現状、資産には税はかからないが、資産に資産税をかけて累進課税にする。

「100億円以上は90%、1000億円以上は99%、1兆円以上は99.9%」にするか、「資産は上限10億円」とする。

③相続税を改める

現状、「3億円以上の相続には最大50%」で止まっている税率を累進課税にする。

「100億円以上は90%、1000億円以上は99%、1兆円以上は99.9%」にするか、「相続は上限10億円、それ以上は没収」とする。

以上が実現すると、庶民（年収1000万円以下）は無税となる。

（そんなこと無理だろう）と思う人がいるかもしれないが大丈夫。

金持ちは反対するだろうが、圧倒的多数の庶民が賛成すれば実現できる。

（働く意欲が無くなる）と思う人もいるかもしれないが大丈夫。
金持ちになる努力はしなくていいが、人は生きるための努力は続けてきたのだから。

④医療、教育、福祉の無料化

格差の是正と貧困を救うためには、第一に「医療、教育、福祉の無料化」だ。
日本より貧しい国（ブータン、キューバ、コスタリカなど）がすでに実現している。
日本も無駄なことをやめれば、絶対に可能なのだ。

３ グリーン社会

現状の社会は「経済拡大、ＧＤＰ増大」が目的化している。
「経済拡大＝ＧＤＰ増大＝幸せ」と勘違いしている。
しかし、現状のマネーゲームは、不平等で不公正で、不幸せの原因なのだ。
社会の目的を、「みんなの幸せ」に改めなければならない。
これは誰もが理解でき、これにはだれもが反対しないだろう。
その実現のステップを述べる。

●グリーンコスト

現在のマネーゲームの問題は地球のルールに反していることだ。
経済は自給自足を原則とし、コストは自給自足できる価格にしなければならない。
例えば、木材の価格は、自国の林業者が生活でき、林業が続けられる価格にする。
安い熱帯林をどんどん輸入して「大量消費、大量廃棄」することをやめる。
輸入する場合は、高い関税をかけ、国内の林業を助成する。
農作物の価格は、自国の農家が生活でき、農業が続けられる価格にする。
安い海外の農作物をどんどん輸入して「大量消費、大量廃棄」することをやめる。
輸入する場合は、高い関税をかけ、国内の農業を助成する。
自給できるものは安くなり普及し、輸入品は高くなり市場から消えていく。
地産地消を心がけることにより、運搬コスト・エネルギーを削減できる。
これがグリーンコストだ。これによって自給自足に近づいてゆく。

●自然エネルギー

エネルギーも自給自足を原則にする。

火力は燃料が輸入だから輸入税、さらに地球温暖化を加速するから環境税を課す。

原子力は事故リスクが大きいから危険税、使用済燃料の処理技術がないこと、処理コストは計算不能だから継続は不可能になる。

おのずと自然エネルギーに移行する。

２０１６年現在、世界では自然エネルギーが原発の発電量を追い越した。

●グリーン社会

グリーンコストを導入すると、食料、資源の自給自足、自然エネルギーに移行する。

危険な原子力、化学物質、地球温暖化など環境破壊にもブレーキがかかる。
・過密と過疎は自給が困難だから、人口は拡散し自給社会に移行する。
・農を基本とした社会、半農半Ｘに移行する。
・小さな自給社会、人口が安定したコミュニティが実現する。

これがグリーン社会だ。

●グリーンコンシューマ

地球との共生、自然との共生という価値観を持つ人をグリーンコンシューマという。

環境先進国では市民の大半がグリーンコンシューマだが、日本では1割くらいだ。

その原因は教育の違いだ。環境先進国では、子どもの頃から、幼稚園、小学校、家庭生活で環境教育が始まる。スーパーの買い物、家庭でのゴミ出しから大きく違う。

グリーンコンシューマは、「○○反対」などをするのではなく、ふだんの生活で環境にやさしいものを買い、環境に負担のかかるものは買わない、という当たり前の行動で社会を変えるのだ。その方が反対運動やデモよりも効果があるだろう。

日本でも必要なのは環境教育を始めること、グリーンコンシューマが増えることなのだ。

4 お金がいらない社会

ここまでくれば、お金の麻薬性は弱まり、お金をなくすことが可能になる。

お金のルールを工夫するよりも、お金そのものをなくした方がいい。

原発のルールを工夫するよりも、原発そのものをなくした方がいい。

核兵器のルールを工夫するよりも、核兵器そのものをなくした方がいい。

理想社会には、お金も原発も核兵器も必要ない。

お金がなければ、お金のために争うことも、お金のために無駄なことをすることもない。

お金がなくなれば、本当に必要なことがはっきりするだろう。

本当に必要なこととはなんだろう。

それは「地球のルール」だ。

理想の社会

・地球のルールを守る。
①自然との共生、みんなとの共生。
②みんなが自由で幸せであること。
・お金がいらなくなる。
・お金のための仕事や職業はなくなる。

・必要なことをするだけ。
・コミュニティ全体が家族のように暮らす。
・近隣のコミュニティと協力、助け合う。
・国家、国境が必要なくなる。

第7章　歩みだそう

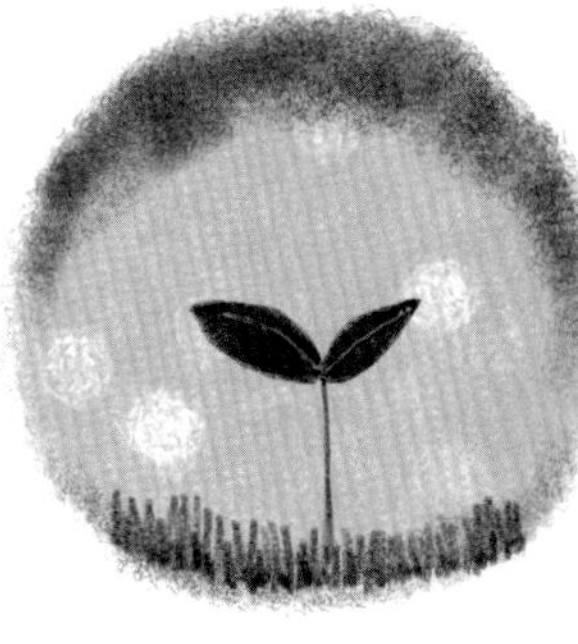

1　世界は変えられる

いま、世界はインターネットでつながっている。

Facebook、YouTubeなどで誰でも意見を述べることができ、誰でも動画を投稿できる。

その結果、こんなことが実現した。

・ゲイの兄弟の動画投稿から全米で共感の輪が広がり、アメリカの連邦最高裁は「同性婚を禁じる法律は違憲」という画期的な決定を下した。

・独裁政権を次々と倒した「アラブの春」は、チュニジアの一人の青年が政府に抗議して焼身自殺をした映像がきっかけだった。抑圧されていた市民の怒りを呼び覚まし、兵士も市民を弾圧することを拒否、わずか1か月で独裁政権は崩壊した。

・エジプトでは、一人の青年が装甲車の前に立ちはだかって停車させる映像がきっかけで

3か月で独裁政権は崩壊した。
・トルコの海岸に打ち上げられた一人の少年の死体の映像によって、世界は難民を受け入れることに大きく舵を切った。
・パリのテロの後、一人のイスラム教徒が目隠しをして立っていた。足元には「私はあなたたちを信じています。あなたたちも私を信じてくれるならば私を抱きしめて」と書かれていた。多くの人たちが彼を抱きしめる映像が世界に発信され、憎しみの連鎖は断ち切られた。
・いじめで自殺した少年ジェイミーの映像は、いまも世界中のいじめに苦しんでいる子どもたちに励ましを与え続けている。

このように、一つの映像は時に世界を変える。
映像は世界を動かす大きなパワーを持つ。誰もが撮影者となり、発信者となれる。
私たちはいま、世界を変える可能性を自分の手に持っているのだ。
『地球市民連合』も、その一つなのだ。

２ 自分の頭で考えよう

人間は、どの生物よりも脳が大きい。
それはなんのためだろう。もちろん、考えるため。
なにを考えるためだろう。もちろん、地球のルールの中で幸せに生きること。
それなのに、私たちはいったいなにを考えてきたのだろう。
地球のルールに反して、不自然な社会を作り、身勝手に生きている。
その結果、自然環境を破壊し、地球生物を絶滅させ、いまは破局に向かっている。
これからどうする？
不自然な社会のルールより、地球のルール。
マネーゲームより、自分の中の「本当（ＤＮＡ）の声」を聴く。
まずは、自分の頭で考えること。

●なんのために生まれてきたのか

幸せになるため。

仕事もお金も、幸せになるための手段だ。

学歴や出世は、お金を稼ぐための手段だ。

幸せになる方法も、お金を稼ぐ手段もいくらでもある。

方法や手段にとらわれず、幸せに向かって歩くこと。

物事の選択

「どっちが得か」ではなく、「どっちが幸せか」で選ぶこと。

「幸せ」は、「自分だけの幸せ」ではなく、「みんなの幸せ」で選ぶこと。

「喜び」は、「目先の喜び」ではなく、「あとあとの喜び」で選ぶこと。

無限の可能性

人間には大きな脳がある。大きな脳には大きな可能性がある。

人間の最大の能力は「イマジネーション、想像力」と「リアリゼーション、実現力」だ。

人間は、夢に描いたことは必ず実現できるのだ。

かつて、「空を飛ぶこと」「海を渡ること」「海に潜ること」「宇宙に出ること」「月に行くこと」など、いろんな夢を描いた。そして、そのすべてを実現した。

かつての夢物語、かつてのＳＦはほとんど実現してしまった。

いい夢ばかりではない。悪夢も想像した。

「遠くの敵を倒したい」「一瞬で相手を全滅させたい」「一瞬で世界を破壊したい」それが実現できる武器＝核兵器を作ってしまった。それが世界に１万７千発もある。

世界は破局に向かっているが、もし多くの人が「方向を変えよう」と決意すれば、それは可能だ。イメージしたことは実現できるのだから。

戦争より平和の方がいい。戦争より戦争しない方がかんたんだ。

核兵器を作るより核兵器を廃棄する方がかんたんだ。

素晴らしい未来を想像し実現する方がかんたんだ。

みんなが本気で願うならば、必ず実現できる。

これまで多くの人がそのことを考え、大きなヒントを残してくれた。

3 世界で最も貧しい大統領 ホセ・ムヒカ氏

ウルグァイの前大統領、ホセ・ムヒカ氏は、郊外で質素に暮らし、妻と農業をして、50年前のフォルクスワーゲンに乗っている。そして素晴らしい笑顔で、人の心をわしづかみにする。

ムヒカ氏は「本当の幸せ」とは何かを知っているからだ。

「貧乏な人とは少ししか持っていない人ではなく、無限の欲があり、いくらあっても満足しない人のことだ。私は貧しいのではなく、質素なだけだよ」

「政治家は人々と同じ暮らしをすること」

「お金の好きな人は政治家になってはいけない」

「私たちは、発展のために生まれてきたのではない。幸せになるために生まれてきたのだ」

「最も大切なのは幸せになること、幸せを味わうことなんだ」

「人生は愛を育むこと、子どもを育てること、友人を持つこと。そのために大切な時間を使ってほしい」

「私たちは、お金で買っているんじゃない。
お金を稼ぐための時間でものを買っているんだ」
「たくさんのものを持つことより、
たくさんの時間を持つことの方が幸せなんだ」
「働くことは必要だ。しかし大事なのは、なんのために働くかだ。
買い物のためなのか、愛する人や友人と人生を楽しむためなのか」
「現状に不満があるなら行動することだ。
行動し続ける人がいるかぎり、少しずつでも世界は変わっていく」
「あなたは世界を変えることはできないかもしれない。
しかし自分を変えることはできるんだよ」

【参考文献】『世界でもっとも貧しい大統領 ホセ・ムヒカの言葉』双葉社

4 マイケル・ジャクソン

We are the world

いま、正しい行いをする時が　やってきた
世界が一つになって　協力をする時が
人々が亡くなっていく
残された時間は、手を取り合うためにあるんだ
これ以上のプレゼントは　他にあるだろうか

私たちは地球、私たちは　地球の子ども
この地球を　また輝かせるのは　私たちなんだ
だから、与える事から　はじめよう‼
私たちは　自分の事ばかり　考えていた
私たちは　もっと輝ける日々を　作れるんだ
本当さ、あなたと　私たちで

Heal the world

君の心の中に　愛があるのを　僕は知っている
そこは　明日よりも　ずっと明るい場所だろう
努力をすれば、泣かなくて良いと　気づくだろう
ここでは　苦しみも、悲しみもないんだ
もし君が　あらゆる命を　大切に思うのならば、
そこにたどり着く方法は　たくさんあるんだ
心にゆとりを持って、より良い世界にしよう
世界を癒そう　もっと良い世界にしよう
君のため、僕のため　そしてすべての人類のために

5 ジョン・レノン

イマジン

イメージしてごらん
天国や地獄なんて　ないんだ
難しいことじゃないよ
見上げれば　ただ空が広がっているだけさ
みんな今を　生きているんだ

イメージしてごらん
国や国境なんて　ないんだ
そして　宗教なんてのも　ないんだ
簡単なことだよ
そのために　殺し合ったり　しなくていいんだ

みんな　平和に　生きられるんだ

イメージしてごらん
所有なんてないんだ
欲張りしたり、争ったり、飢えることも　ないんだ
僕たちは　家族なんだ
たった一つの世界に　分かち合って　生きているんだ

Happy Xmas（War Is Over）

楽しいメリークリスマス、ハッピーニューイヤー
今年も良い年でありますように　祈ろうよ
弱い人たちにも、強い人たちにも
お金持ちにも、貧しい人たちにも
世界は　大きく間違っているけど
きょうは　楽しいクリスマス
黒人も、白人も、黄色、赤色の肌の人たちも、
戦いをやめようじゃないか
みんなが望めば、いま戦い終わる
ハッピークリスマス！

あとがき

いま、世の中はおかしい。日本も世界も。

10年前、日本が平和憲法を捨てようとするなんて誰が予想しただろう。

10年前、政治家がこんなに愚かになるなんて誰が予想しただろう。

10年前、日本の経済格差がこんなに大きくなるなんて誰が予想しただろう。

10年前、世界中にテロが広がるなんて誰が予想しただろう。

10年前、世界がこんなに混乱するなんて誰が予想しただろう。

しかし、これが現実なんだ。

過去の巨大文明もすべて滅亡した。

どんなに巨大な遺跡を作った文明も、自分の愚かさには気づかず、改められず、修正できずに滅びたのだ。どんな動物も昆虫も生物もしなかったほどの愚かなことをして。

理由ははっきりしている。ＤＮＡの基本プログラムを無視したからだ。

35年前、私が取り組み始めた頃はパソコンもなく、インターネットもなく、本当に大変だった。しかし今は大きく時代が変わった。

パソコン、インターネットがあるから、工夫し努力さえすれば、誰からでも変化が広げられる。今大変なことが起こっていることを、このままじゃだめだということを知らせて、行動を始めようよ、と呼びかけさえすれば、人々は動き出すことができる。

いまなら社会を変えることができる。平和的な革命も可能だ。

私もまだ頑張る。できることは最後までやろうと思う。

あなたも勇気をもって、できることから始めてもらいたい。

あなたも私も同じ使命、同じ運命をもってこの星にやってきたのだから。

こころざしを果たして
いつの日にか帰らん
山は青き　ふるさと
水は清き　ふるさと

※ふるさとは、生まれる前にいたところ、志を果たして帰るところ。
つまり光の世界のこと。そのことがわかれば、心は決まるだろう。

高木 善之（たかぎよしゆき）

大阪大学物理学科卒業、パナソニック在職中はフロン全廃、割り箸撤廃、環境憲章策定、森林保全など環境行政を推進。ピアノ、声楽、合唱指揮など音楽分野でも活躍。

1991年　環境と平和の国際団体『地球村』を設立。リオ地球サミット、欧州環境会議、沖縄サミット、ヨハネスブルグ環境サミットなどに参加。

著書は、『非対立』『地球村とは』『幸せな生き方』『平和のつくり方』『軍隊を廃止した国 コスタリカ』『すてきな対話法 MM』『キューバの奇跡』『大震災と原発事故の真相』『ありがとう』『オーケストラ指揮法』『宇宙船地球号はいま』『宇宙船地球号のゆくえ』など多数。

『地球村』公式サイト
（高木善之ブログ・講演会スケジュール・環境情報など）
http://www.chikyumura.org

『地球村』通販サイト EcoShop
http://www.chikyumura.or.jp

お問合せ先：『地球村』出版（ネットワーク『地球村』事務局内）
〒530-0027 大阪市北区堂山町 1-5-405
TEL:06-6311-0326　FAX:06-6311-0321
http://www.chikyumura.org
Email:office@chikyumura.org

郵便はがき

恐れ入りますが
切手を貼って
お出し下さい

5 3 0 0 0 2 7

大阪市北区堂山町 1-5-405

NPO法人
ネットワーク『地球村』
出版部 行

ふりがな お名前		男・女	年齢　　歳

●書籍名（　　　　　　　　　　　　　）

●本書を何でお知りになりましたか

（　　　　　　　　　　　　　）

●ご感想、メッセージをご記入ください。

●環境や平和を願う人が増えることで社会は変わります。
あなたも『地球村』の仲間になりませんか？

□ 資料がほしい

ご記入ありがとうございました。

注文票 ●郵送またはFAXでご送付ください

ふりがな	
お名前	
ご住所 〒 都道 府県	
●TEL ●FAX	
●E-mail（ @ ）	

書名	数量	内容	価格
●ありがとう	冊	心温まる、やさしさと気づきのありがとうシリーズです。	小冊子シリーズ 各巻260円 ※シリーズ合計100冊以上で各単価2割引となります。
●受け止める	冊		
●いのち	冊		
●すてきな対話法MM	冊	きっとあなたは元気になる「みんなで学ぶ、みんなに学ぶ」対話法。	
●平和のつくり方	冊	安心な未来を子どもたちに残すために、あなたができること。	300円
●地球村紀行 vol.3 軍隊を廃止した国コスタリカ	冊	平和の国コスタリカに日本が今学ぶべき11のこと。	300円
●宇宙船地球号はいま	冊	明るい未来実現の為に、地球環境や社会の現実を知りましょう。	800円
●宇宙船地球号のゆくえ	冊	美しい地球、永続可能な未来へ向けて、ビジョンをまとめた書。	800円
●非対立	冊	あなたの中に「非対立」が根を下ろしたら、世界は大きく変わる。	1,000円
●宇宙体験	冊	本当の自分の声を聴こう。きっと未来は変えられる。	1,000円

支払方法 1～3のいずれかに○をおつけください。

1. 郵便振込（前払い） 2. 銀行振込（前払い） 3. 代引（手数料350円＋送料）

○お買い上げ額1,000円まで→送料300円、1,001～9,999円→送料500円
10,000円以上→送料無料です。合計額と振込先を折り返しご案内いたします。

●お申込先：ネットワーク『地球村』出版部
TEL:06-6311-0309 FAX:06-6311-0321
http://www.chikyumura.or.jp

宇宙体験

2016 年 7 月 15 日　初版第 1 刷発行

著　者　高木善之

発行人　高木善之

発行所　ＮＰＯ法人ネットワーク『地球村』

〒 530-0027

大阪市北区堂山町 1-5-405

TEL 06-6311-0309　FAX 06-6311-0321

装画・装丁　傍士晶子

印刷・製本　株式会社リーブル

ISBN978-4-902306-59-0